Eine Sammlung von 99 Gedichten mit Mundarteinschlag

Vorwort

So werden wir die Jung, die Alten,
zumeist zum Vorteil uns verhalten.
Dass die Menschen besser werden,
ist wohl Illusion auf Erden.

Walter Denschlag 30.09.2014

Menschen und Einsichten: Gestern und Heute

Band 3

99 Gedichte mit Mundarteinschlag
von
Walter Denschlag

Buchcover: Robert Denschlag
Elektronische Verarbeitung: Petra Denschlag
Korrektur: Marga Horn, Robert Denschlag

© 2017 Walter Denschlag

Herstellung und Verlag: BoD - Books on Demand, Norderstedt

ISBN: 9783738600476

Bibliografische Information der Deutschen - Nationalbibliothek

Die Deutsche Nationalbibliothek verzeichnet diese Publikation in der Deutschen Nationalbibliografie; detaillierte bibliografische Daten sind im Internet über dnb.d-nb.de abrufbar.

Inhaltsverzeichnis:

FRÜHER IN EINEM AMT 10
MEINE FUßNÄGEL 13
ZAHNBEHANDLUNG 14
ZU GUTTENBERG 16
HAUSFRAUEN 18
DAS SEIN 20
WUNDERSAM 21
KLAUS 22
LEHRER SCHMITT 23
VERSCHULDUNG 24
WULFF UND GAUCK 26
HEUTIGE EHEN 27
ERINNERUNG 28
HEINZ LAUT 29
FERDI 30
KARL WEBER ZUM 90STEN 31
DIE KULTURTRÄGER 32
WEGE DES SCHICKSALS 34
BESCHEIDENHEIT 36
DREI TÖCHTER 37
EIN FESTESSEN 39
BERNHARD 40
DIE NEUEN MIETER 41
SAUBER ODER UNSAUBER 42
HÄNNES 43
EHELEUTE HAGER 45
EIN GASTHOF 46
DER SCHLÜSSEL 47

MEINE HOBBYS	48
DAS SPARBUCH	50
DIE BLUTENTNAHME	52
DAS WARTEZIMMER	53
DIE DARMSPIEGELUNG	55
DIE HEILER	57
FRÜHER BEI UNS	58
AKTIEN	60
EINE ERFINDUNG	61
JAHRESWECHSEL	62
ÜBERMORGEN	63
EINE TÜCHTIGE FRAU	64
LANGE HÄLSE	66
TRINKSPRÜCHE	67
EIN 80-KM-MARSCH	68
SPÄTER FRÜHLING	70
DIE BÖSEN, DIE BRAVEN	71
KRANKENWACHSTUM	72
ENDLICH SOMMER	73
MARGA	74
EIN KRANKENHAUSAUFENTHALT	75
RICHARD WAGNER	76
DER SPARSAME	78
PILZEZEIT	79
WISSEN DER ENKEL	80
REGEN, SONNENSCHEIN	81
DIE TELEFONÜBERWACHUNG	82
EIN BISCHOF	84
EIN AUTO	86
DIE DEMOKRATIE	87

MANDELA 88
EIN BADEERLEBNIS 89
ERNST SCHMITT 90
ALBERT ZUM 75STEN 92
VATERTAG 93
DIE LOBENSWERTE 94
EIN FEUERWERK 95
MERKEL, GABRIEL 96
RICHTIGE FRAGESTELLUNG 97
EINE BAUMFÄLLUNG 98
NACHBAR UND ALTERSKAMERAD 99
BEGRÜNDUNG DES SEINS 101
DAS DEMONSTRIEREN 102
DER ERSTE ANZUG 103
DER ETIKETTENSCHWINDEL 104
DER WORMSER DOM 105
DIE FASTENZEIT 106
DIE FREIMAURER 107
DIE HEUTIGE WELT 108
DIE MAUS IM HAUS 110
DIE MÜHENGÄSSER TANTE 111
EIN KOCH 112
EIN ZEITVERTREIB 113
HAUPTSACHE GUT ESSEN 115
KRAFT DES BÖSEN 116
NIEDRIGE ZINSEN 117
NUR EINE SPINNE 118
SCHNEIDER PFEFFEL 119
UKRAINE 120
VERÄNDERUNGEN 121

RING IM SALAT 123
LEBEN LÄNGER 124
NICHTS KANN NICHT SEIN 125
ALFONS 127
DAS BEWUSSTSEIN 128
DAS STAMMBAUMBUCH 129
DR. JOHANNES DENSCHLAG 130
DIE FRAUENQUOTE 132
RUINIERTER RUF 133
HORCHHEIM 135
DIE SELEKTION 136

Früher in einem Amt

Es war mal überall bekannt
wir war'n einmal ein braves Amt.
An Alkohol das war doch klar,
im Amt kaum was zu finden war.
Doch war einmal ein Fest'chen hier,
da gab's auch mal ein Fässchen Bier,
da war'n so 15 Liter d'rinn,
die war'n für alle Leit do-hin.
Doch dann, plötzlich über Nacht,
schlich sich heimlich ein Verdacht.
Nämlich hat sich rumgesprochen,
im Haus wird jüngstens viel gesoffen.
Und das auch noch, so viel man weiß,
in einem Mehrpersonenkreis.
Die Amtspitz, die nun suchte schnelle,
das heimlich Trinken abzustelle
und suchte darum vorne, hinten,
die Bursch jedoch waren nicht zu finden.
Sucht man sie hier, dann war'n sie dort
und tranken da in einem fort.
Sucht man sie dort, dann war'n sie hier
und tranken flaschenweise Wein und Bier.
Oft hörte man ihr fröhlich' Lachen

Trotzdem war'n die nicht auszumachen.
Auch ich könnt', glaub' ich heut' nicht sa,
wo die gepit'scht und wer das war.
Der Amtsspitz, der fiel es dann ein,
trinken die vielleicht Bier und Wein,
auch wenn es wäre nicht zu fasse
trinken die's aus Kaffeetasse.
D'rum 'ne Verfügung kam heraus
zusammen trinken, das ist aus.
Sein Kaffee trink ein jeder hier,
auf seinem Platz, so wie einst früher.
Betroffen war, ihr wisst es all
des war'n der Groß und auch der Karl.
Die bekamen ihr vertraut Getränk
kredenzet jetzt von and're Händ.
Die Stimmung war im Amt nun trübe
man schafft nur dem Gehalt zuliebe.
Doch wir haben's von den Alten,
die hat Wein und Bier erhalten.
Nimmt dies Getränk in Maß man ein,
soll's für Gesundheit förderlich sein.
Es stellt sich ein Zufriedenheit
und wieder Freud bei der Arbeit.
D'rum wurde es im Amt gehalten
wie's früher hielten als die Alten.

Und überall wurde es bekannt,
dass wir waren wieder ein braves Amt.

3. Juni 2012

Meine Fußnägel

Ja, ich könnte es beeiden,
ein Tiger würde mich beneiden,
um die Nägel meiner großen Zeh'n,
wenn er sie nur könnte seh'n.
Ja, es würde ihm gefallen,
hätte er auch solche Krallen.
Eigentlich sollte es so sein,
ich brauchte einen Waffenschein.
Zuvor lad ich doch Heidi ein,
zu machen Nägelkrallen klein.
Ja, neben sorgsam Füßepfleger,
ist sie auch Nagelkrallenjäger.
Was ich mit Beil und and'ren Sachen
nicht schaff, mit ihr'm Gerät tut machen.
Ja, man sieht es immer wieder:
aus verkorksten Füßen
macht Heidi ordentliche Glieder.
Dass bei meinen Füßen kehrt wieder Ordnung ein,
der lieben, tüchtig' Heidi muss ich dankbar sein.

6. Januar 2011

Zahnbehandlung

Ist man zum Zahnarzt als gegangen,
was tat man sich da Angst und Bangen.
Gar groß war damals der Respekt,
wenn man die Bohrmaschin entdeckt,
die erzeugt im Zahngewühl
ein unangenehmes Gefühl.
Wann zu End die Zahnbohrqualen,
tat man deshalb gern bezahlen.
Ja, kann heute sagen nur,
Zahnbohren war Erlebnis pur.
Geht man heut' zum Zahnarzt hin,
breitet aus sich froher Sinn.
Ja, man sitzet dann sehr gern,
im Wart'zimmer bei Spiegel-Stern.
Tut man dann zur Behandlung sitze,
gibt's zuerst da eine Spritze
und diese gibt's nicht nur zum Scherz,
die soll bewahren vor großem Schmerz.
Ja, angenehm ist das schon sehr,
das Bohren merket man nicht mehr.
Doch verkehrt erscheint die Welt,
auch's nicht merken kostet Geld.
Es erscheinet einfach toll,

fürs nichtfühlen man bezahlen soll.
'Ne Tätigkeit, die man nicht spürt,
ist doch wie nicht ausgeführt.
Als es noch gab Behandlungsqualen,
wusste man für was bezahlen.
Auch hier gilt wohl, was jeder weiß,
alles hat halt seinen Preis.

17. Februar 2011

zu Guttenberg

Ein Mann der gut, scheint ohne Tadel,
der kommet auch noch von dem Adel,
als Minister, nein kein Leistungszwerg,
ist Karl-Theo zu Guttenberg.
Er wirkt nicht zart, wirkt auch nicht hart,
nein, von Typ her wirkt er smart.
Durch Freundlichkeit und Charme wie nie,
erwirbt er sich viel Sympathie.
Da als Minister er nicht kleistert,
sind viele Leut' von ihm begeistert.
Wo and're nichts tun, sind in Ruh,
greift er ein, beherzt als zu.
Obwohl an Jahren noch sehr jung,
führt er sein Amt mit fachlich Schwung.
Das kann einem nur gelingen,
wenn er Erfahrung tut einbringen.
Ja, das gelingt wer unbeschwert,
auch auf Erfahrung Andrer hört.
Denn wer nicht aufnimmt Andrer Wissen,
lässt vieles Wissen dann vermissen.
Wenn man's so sieht und auch so nimmt,
muss abschreiben sein keine Sünd'.
Wenn eigner und fremd Text sich verbindet,

zur besseren Aussag' sich verwindet,
kann kommen Gutes auch heraus,
es muss nicht sein ein übler Graus.
Doch kann man dies nicht setzen gleich,
mit einem Doktorschwindelstreich.
Wenn's meiste da ist abgeschrieben,
von Eigenleistung kaum was geblieben.
Dann muss man sehen es halt ein,
ein Vorbild kann man nicht mehr sein.
Man soll da nicht um Nachsicht beten,
vom Amt soll man zurück dann treten.

24. Februar 2011

Hausfrauen

Ach, haben es die Männer schön,
können nach den 60zig dann
bald in Rente gehn.
Ja, für ihre Arbeitszeit
8 Stunden sind am Tag bereit.
Und wie Gewerkschaft es versproche'
5 Tage nur in einer Woche.
Für ihre Müh' beim Nachwuchs zeugen,
muss man sich wirklich nicht verbeugen.
Den angenehmen Teil sie wählen
bei der Geburt nicht müssen quälen.
Ganz anders ist es bei den Frau'n,
wenn die sich in die Ehe trau'n
und werden dann Berufshausfrau'n.
Die können nicht im Sessel sitzen,
ganztäglich die im Haus rumflitzen.
Kinder die sie taten kriegen,
die munter sind gar wie die Fliegen,
morgens in die Schule schicken,
dann nähen, kochen, putzen, flicken
und noch viel mehr von diesen Sachen,
abends noch Hausaufgaben machen.
So geht's den Tag, es ist ne' Plag

Hausfrauen kein 8-Stunden-Tag.
Auch wie beim Mann 5-Tage-Wochen
wurden Hausfrau'n nie versprochen.
sie können da nichts and'res wählen,
In 7-Tagewoch sich tun quälen.
Für diese Arbeit gibt's kein Ende
Hausfrauen gehen nicht in Rente.
Es sei nun jedem wohlbekannt
Hausfrau der schwerst Beruf im Land.

12. September 2011

Das Sein

Durch das „Ich bin"
das Sein gegen das „Nichtsein" gewonnen.
„Ich bin nicht" man noch niemals vernommen.
Hieraus das Gedankenend
das Nichtsein kann nicht sein existent.
Mit der Einsicht wohl nicht arg daneben,
das Sein ist zum Nichtsein
fast wie ewiges Leben.

27. November 2011

Wundersam

Es ist doch heut' kaum zu versteh'n,
wie es auf Erden kann weitergeh'n.
Auf Friedhöfen da ruh'n nicht nur die Penner,
da liegen auch viele unabkömmliche Männer.

3. Dezember 2011

Klaus

Klaus verdient fürs Trinken, Esse',
das nötige Geld bei Rheinpfalzpresse.
Die Seinen nicht nur gut ernähren,
im Haushalt auch sich tut bewähren.
Sein Sorglichsein ist wirklich groß,
das da wächst aus seinem Schoß.
Bei vielem auch bei Hausaufgaben,
bei ihm ist immer Hilf zu haben.
Ja, die Familie ist sein Leben,
ein guter Mann und Vater eben.
Daneben noch als guter Christ,
er oft noch kirchlich tätig ist.
Will einen bess'ren man verbuchen,
dann muss man wirklich lange suchen.

28. Dezember 2011

Lehrer Schmitt

Die Zeit enteilt im schnellen Schritt,
die Vergangenheit folgt zögernd mit,
zu der gehört auch Lehrer Schmitt.
Er bracht' uns Schreiben, Rechnen bei
und noch gar manches Vielerlei.
Wie ich mich noch erinnern kann,
war's ein freundlich, netter Mann,
der trotz Anstand und manch' guten Taten
in Vergessenheit ist nun geraten.
Ja, im Krieg musst er erblassen,
da musste er sein Leben lassen.
Es war, als hätt er sich verkrochen,
kaum wurde über ihn gesprochen.
Mit diesen paar Zeilen,
ohne ihn groß zu besingen,
will Lehrer Schmitt
in Erinnerung ich bringen

25. Januar 1912

Verschuldung

Es empfahl einst Adam Smith
in guter Zeit zu sparen
und für schlechte Zeiten Geld
im Sparstrumpf aufbewahren.
Nicht nur die Jungen und die Alten,
der Staat sich auch sollt so verhalten,
dass wenn die Konjunktur bricht ein,
der Staat kann Auftraggeber sein.
Befolgung dieses Smith-Gebot
gibt Chang's gleichmäßig Arbeit, Brot.
Doch wir all' viel Geld verbrasselt,
Rücklagen hierdurch halt vermasselt.
Uns drohen nun als Schicksalslohn
Inflation und Rezession.
Wie konnten Politiker wir nur so erweichen,
dass wir nun Zinsen mit Schulden tun begleichen.
Über Griechen und noch And're
wird geschimpft heut' eben.
Auch wir taten und tun es noch
über Verdienen leben.
Wir sollten an Nöten der Anderen denken,
ihnen helfen und uns selbst auch einschränken.
Das wird uns führ'n aus der Krise heraus,

um zu bauen ein besseres Weltwirtschaftshaus.
An die Empfehlung von Adam Smith
sollen künftig sich halten,
der Staat, die Jungen und auch die Alten.

31. Januar 2012

Wulff und Gauck

Ja, Wulff musste sein Schloß verlassen.
Zum Präsidenten würd' es nicht passen,
dass er von Reichen Geld geborgt
die er mit Vorteilen versorgt.
Was fiel denn da dem Wulff bloß ein,
er sollte doch ein Vorbild sein.
Ein Mensch ganz ohne jeden Tadel
ja, fast ein Engel, Himmelsadel.
Da er dies nicht konnte sein,
traten viele ihm an's Bein.
Es half ihm da kein Bitten, Beten,
als Präsident zurück musst treten.
Man suchte einen neuen Mann,
der echt ein Vorbild nun sein kann.
Und fand aus Osten Pastor Gauck,
dem man ein Vorbild sein zutraut.
Doch:
Das Vorbild-Fundstück tut verblassen,
schon jahr'lang seine Frau verlassen.
Bei Lebensgefährtin kehrt er ein,
ließ seine Frau zu Haus allein.
Wie kann der Gauck nun Vorbild sein.

22. Februar 2012

Heutige Ehen

Ja, die Ehen der heut' Alten,
haben doch zumeist gehalten.
Obwohl die Leute ärmer waren,
bedrohet von Armutsgefahren.
Man musste fest zusammen halten,
um das Leben zu gestalten.
Heut', wo wir satt im Wohlstand leben,
fast wie im Paradiese eben,
kann man es gar kaum versteh'n,
dass viel' Ehen auseinander geh'n.
Verantwortung löst auf gar schnelle,
Geborgenheit macht man zur Hölle.
Ja, wo Verantwortung sollt sein,
denkt man oft an sich allein.
Da lob ich doch die Zeit der Alten,
wo Ehen lebenslang gehalten.
Und man kann zum Schluss noch sagen,
Wohlstand der Mensch tut schlecht ertragen.

4. März 2012

Erinnerung

Der Amtsvorstand
vom Wormser Straßenneubauamt
der Alfred Falkenberg
mit 1,90, nein, kein Zwerg.
Das Amt geführt mit nettem Schwung,
d'rum gut noch in Erinnerung.
War mehr Kollege mir als Chef,
von ihm kein Obrigkeitsgekläff.
Wenn wir uns manchmal fast geschunden,
gab er uns Zeit für nette Stunden.
Vom Leben leider er geschieden,
er ruhe sanft in seinem Frieden.

19. März 2012

Heinz Laut

Lieber Heinz, heißest auch Laut
zum Angeben doch nicht gebaut.
Ja, du wirktest regsam leise,
natürlich in bescheidner Weise.
In deinem Hoch'mer Gesangsverein
tuest nicht nur du mitsingen,
tuest auch in groß und klein
Vorstandsleistung bringen.
Machst dich nicht dick und leistungsbreit.
Doch bist du mit Bescheidenheit
immer für'n Verein bereit.
Ja, ich tu' nicht übertünschen,
Leute Heinz wie dich,
tut man sich wünschen.

7. Mai 2012

Ferdi

Ferdi schlicht, einfach er gebaut,
der Renate angetraut.
Stellt nicht nur her gut Marmelade,
nein, Köstlichkeiten aus Schok'lade.
Die er herstellt daheim im Keller,
bei der'n Verzehr wird's Leben heller.
Wird einem's Dasein zuckersüß,
man glaubt, man wär im Paradies.
Hätt Gott Pralinen vom Ferdi
gehängt an Baum der Mitte die
und der'n Verzehr bei Straf verboten,
wär dies das schwerste der Geboten.
Hätt' da der Adam mal genascht
und hätt' man ihn dabei erhascht
man könnt versteh'n zwar mit Entsetzen,
dass das Essverbot er tat verletzten.
Doch dass er tat die Äpfel klauen
und uns das Paradies versauen,
man könnt ihn heute noch verhauen.
Da lob ich doch den Ferdi sehr
der stellet heut Pralinen her,
die fruchtig sind und zuckersüß,
man die im Mund fühlt's Paradies

11. Mai 2012

Karl Weber zum 90sten

90 ist nun der Karl Weber.
Ja, so alt wird längst nicht jeder.
Und weil er zählt zu'n 90 alten,
möchte ich Kurzrückblick halten.
Habe die Zeit zurückgeleiert,
weiß noch als er die 40 feiert.
Er meint's da nicht als papalapap,
der Lack ist weg, der Lack ist ab.
Dass ohne Lack auf Lebensleiter,
verdeckten wohl das Hemd, die Kleider.
Außerdem war's übertrieben,
ein bisschen Lack ist wohl geblieben.
So wie wir heut' ihn vor uns seh'n,
soll er noch lang durchs Leben geh'n.

22. Mai 2012

Die Kulturträger

Die feinen Leut', meist sind's die Alten,
die sich für was bess'res halten,
gehn ins Konzert, Theater rein,
die's nicht tun, halten sie für klein.
Weil die nicht nutzen die Kultur,
begeistern sich für Fußball nur.
Halten sich noch für gescheit,
nur weil sie sind die Minderheit.
Begeistern sich für Goethe, Schiller,
begreifen kaum der'n Dramenthriller.
Und können es gar nicht verstehn,
dass die, die als zum Fußball geh'n,
oft auch ein Dramenstück tun sehn.
Dort geht es fast zu wie im Leben
in etwas and'rer Form halt eben.
Der Stürmer spielt den Edlen fein,
der Verteidiger ist bös, gemein
tritt dem Stürmer in die Bein.
Der Schiedsrichter, der Bösewicht,
gibt Strafstoß, oder gibt ihn nicht.
Er tuet bei Entscheid den vielen,
das unbestimmte Schicksal spielen.
Der Gedankenschluss wohl wahr,

Fußball auch ein Drama gar.
Doch so ist es auf der Welt
für die Wenigen bezahlt der Staat viel Geld,
für die Wenigen, zum Teil die Alten,
die sich für die bess'ren halten,
deren Eintrittsgeld deckt nicht die Kosten.
Ohne der Gemeinschaft Geld
Theater würde bald verrosten.
Ja die, die für klein sie halten,
am Leben ihre Kultur erhalten.

19. Mai 2012

Wege des Schicksals

Zu meinem 83 zig Jahren,
wir alle fröhlich feiern waren.
Drei Töchter, Sohn, zehn Enkelkinder,
mein Stolz auf diese ist nicht minder,
wenn ich sie als so vor mir sehe
und tu die Zeit zurück dann drehe.
Dabei fällt mir der Satz als ein,
wenn Erich nicht mitgehn kann nein, nein,
dann bleibe ich halt auch daheim.
Das hat den Erich sehr berührt
und uns zur Freundschaft hin geführt.
Als Erich feiert Abitur,
als Begleitung kam in Frage nur
meine Schwester, die Marga
durch unsere Freundschaft für ihn da.
Sie lernte dort den Bobby kennen
und man kann es so benennen,
Auch ich wurde mit ihm bekannt,
'ne Frohnatur im Wormser Land.
Der hat die Mia auserkoren
In die verliebt mit beiden Ohren.
Ja, sie war ne' tolle Frau,
kam einst daher, stolz wie ein Pfau.

Sie hat eine Schwester, hübsch, nett, bescheiden,
ganz gegensätzlich war'n die beiden.
Der Bobby nahm zur Frau die Mia
ich freite ihre Schwester Martha
und bin in all den vielen Jahren
mit ihr doch wirklich gut gefahren.
Als Frau und Mutter sich bewährt
Kindersegen uns beschert.
Dies alles stellte sich da ein,
weil ich mal sagte:
Wenn Erich nicht mitgehn kann nein, nein,
dann bleibe ich halt auch daheim.

24. Mai 2012

Bescheidenheit

Wer kennt nicht Professor Sauerbruch,
erwähnt in manch fachärztlich Buch.
Neu Operation er hat erfunden,
die Todkranke ließ gesunden.
Doch dann hat er wie geuzt
Krank und Gesunde gar geduzt.
Wenn ihm gebühret hohes Lob,
doch ist er nicht der liebe Gott.
Er hatte den Respekt zu wahren
bei denen, die krank bei ihm waren.
Mag einer noch so tüchtig sein,
sein Können schafft er nicht allein.

27. Januar 2012

Drei Töchter

Drei Töchter die sind uns geglückt
Doch jede anders ist gestrickt.
Zuerst bracht Martha uns der Storch
Die selbstlos, nett, im schaffen forsch.
Und alle Zeit
Sehr hilfsbereit.
Ja, sie helfet aller Orten
Krankenschwester sie geworden.
Man kann sich wirklich nicht beschweren,
sechs Enkel tat sie uns bescheren.
Als Zweite war die Tine dran,
elf Monat später kam sie an.
Weil ich ulkt' hast dich reingeschmuggelt
Hät sie am liebsten mich gebuckelt.
Ja das Trinken und das Essen,
was gut ihr tut, tut nicht vergessen.
Auch wenn sie gern' an sich tut denken,
vier Enkelkinder uns tat schenken.
Als Dritte war die Petra da,
es verging da kaum ein weit'res Jahr.
Petra ist froh beim Essen fein,
stieg d'rum ins Gastgewerbe ein.
Durch netten Fleiß sich hochgeschafft,

war allseits `ne beliebte Kraft.
Ja war tüchtig und auch kess
Bei Lufthansa war Stewardess.
Man kann es sagen unverhohlen,
ein Landrat ja hat sie empfohlen.
An den ersten der Lufthansa,
drei Jahr´geflogen ist sie da.
Nun hilfet sie mit tücht'ger Hand
Dem zweiten Chef vom Sparkassenverband.
Ja kein Tag ist einerlei,
wenn man hat der Töchter drei.

9. Juli 2012

Ein Festessen

Marga ist nun einundachtzig
so'n Alter ist doch ganz beachtlich.
In einem Lokal in Pfiffligheim
lud sie uns d'rum zum Essen ein.
Als die Speis'kart kam zu Tisch
uns Gäste Hunger war noch frisch,
erklärt uns Marga frank und frei,
wie gut doch Speck und Eier sei.
Der Hunger wäre bald vergessen
würd man Speck und Eier essen.
Doch als ich schlug die Speis'kart auf
und schaute nach den Preisen d'rauf,
für 5,-- Euro war's Gericht zu haben,
so preiswert wie sonst nur bei Schwaben.
Marga wollte sich belohnen,
wollt ihre Geldbörs' da wohl schonen.
Doch zum Ende
kommt von mir die Wende.
Die Wahrheit habe ich geschunden,
die Geschichte ist von mir erfunden.
Die erzählte ich zum Scherz,
Marga hat ein gutes Herz.

19. Juli 2012

Bernhard

Der Bernhard, Alois Kulzers Bruder
in seinem tun ein wirklich Guter.
Seine Ohren nicht verkleistert
schon früh sich für Musik begeistert.
Besonders für das Orgelspiel
hat er sich früh begeistert viel.
Fast alle Orgeln hier im Land
sind dem Bernhard wohlbekannt.
Ja, er hat darauf gezielt,
dass jede Orgel er bespielt.
Er haut dann in die Tasten rein,
es klingt wie Großorgelverein.
Ein kraftvoll' Spiel sich angewöhnt
manch Kirchgeläut er übertönt.
Doch nicht nur laut fortissimo,
er kann auch zart pianomo.
Besonders einfühlsam er war
bei Schuberts Ave Maria.
Bei dem er manchmal mich begleitet,
meine Singbegeist'rung ausgeweitet.
Ja, weil ich dafür dankbar bin,
die Zeilen kamen mir in Sinn.

23. Juli 2012

Die neuen Mieter

Die alten Mieter zogen aus
aus uns'rem neben stehend Haus.
Ein jung-nett Eh'paar eingezogen .
den Himmel können wir wohl dafür loben,
kamen nicht von irgendwo,
sondern aus fernem Mexiko.
Haben noch ein Kind dabei,
doch bald werden es sein gar zwei.
Wir wünschen ihnen das Allerbeste,
soll'n feiern hier noch viele Feste.

10. August 2012

Sauber oder unsauber

Die Olympiade ist vorbei,
Sportler der ganzen Welt dabei.
Ja, die wollten alle
Medaillen, Edelmetalle.
Doch schon immer so gegangen
Bronze, Silber, Gold
den 3 Besten angehangen.
Der Weg dahin jedoch sehr weit,
zum Training muss man sein bereit.
Es bleibet keine and're Wahl
man muss trainieren bis zur Qual.
Unfair den Weg man kann verkürzen,
wenn Doping in sich hinein tut stürzen.
Und so ist's nun mal im Leben,
der eine tut's, der andere nicht halt eben.
D'rum bei manchem Sieger denket man,
ist auch sauber dieser Mann?
Ja, es ist fast zum verreißen,
nicht immer Doping nachzuweisen.
Auf dieser Welt halt wie gewohnt
wird Unfairness gar oft belohnt.

16. August 2012

Hännes

Nein, kann Hännes nicht vergessen
Jahre Seit an Seit gesessen.
Dass keine Prüfung wir verhauten,
voneinander ab wir schauten.
Wer da vom Andern mehr erfahren,
die Vergangenheit tut's gut verwahren.
Wir beide kaum als zu bezwingen
Reitkämpfe taten stets gewinnen.
Ja, Hännes war ein kräft'ger Bursch,
auch ich war sportlich durch und durch.
Haben da uns nicht geziert,
die Klasse kämpferich dirigiert.
Doch nicht nur stark sein ihm gelungen,
er hat auch gern und gut gesungen.
Viel Freude tat in mir sich buchen,
wenn tat zum spielen ihn besuchen.
Es war für mich als wirklich fein,
wenn ich im Oberdorf traf ein.
Die Eltern locker eingestellt,
ließen tun uns was gefällt.
Ja, es war 'ne schöne Zeit,
die nun liegt zurück so weit.
Hännes leider früh gegangen,

der Himmel wohl in aufgefangen.

31. August 2012

Eheleute Hager

Im Gasthof zur Sonne angekommen,
beim Ehepaar Hager Platz genommen.
Zum gemeinsamen Mahl
vom Zufall her 'ne gute Wahl.
Mit ihnen zu essen war 'ne Freude
weil's waren interessante Leute.
Da schmeckt es noch einmal so gut,
wenn man's mit netten Leuten tut.

4. September 2012

Ein Gasthof

Der Gasthof zur Sonne
im schönen Schwabenland,
ist unter den Insidern
für Gastlichkeit bekannt.
Man müht' nicht nur für gutes Essen
auch Unterhaltung, die wird nicht vergessen.
Wenn Geburtstag haben Gäste
oder feiern andre Feste,
dann wird gar freundlich gratuliert,
gesungen und auch musiziert.
Ja, die Chefin und der Chef,
die leisten alles aus eff-eff.
Tun, wenn sie das Haus erklären,
der Gäste Gastwirtwissen mehren.
Auch ich weiß nunmehr, ja für wahr,
den Klorollenverbrauch im Jahr.
Das hab ich vom Chef Frey gehört,
als er den Gasthof hat erklärt.
Wenn Leut Erholung für sich wählen,
Gasthof zur Sonn' kann man empfehlen.
Zumal man zu der Murg dem Fluss,
nur kurze Wege gehen muss.

5. September 2012

Der Schlüssel

Wem soll ein hohes Lob erklingen,
dem Schlüssel sollte man es singen.
Was nützt im Haus die volle Schüssel,
wenn's für hinein gibt keinen Schlüssel.
Was nützt im Keller ein Fass Bier,
ohn' Schlüssel für die Kellertür.
Auch für 'ne gute Flasche Wein,
braucht Schlüssel man für'n Keller rein.
Man kann da machen, was man kann,
ohn' Schlüssel fährt kein Auto an.
Auch Petrus hat für Fromme hier,
ein Schlüssel für die Himmelstür.
D'rum sag ich ohne mich zu zieren,
ein Schlüssel soll man nicht velieren.
Und wenn es doch mal ist geschehn'
sich nach nem' neuen schnell umsehn'.

5. September 2012

Meine Hobbys

Mir, wie vielen menschlich Wesen,
wichtig der Beruf gewesen.
Weiter im Vorrang
stand mir die Familie dann.
Um in der Freizeit Lang'weil nicht zur Beute,
ich manch' Hobby halt zur Freude.
Als meine Eltern mir erzählt,
ich singe gut, wie ausgewählt,
tat ich da meinen Eltern glauben
und ließ den Glauben mir nicht rauben.
Viele Jahr von meinem Leben,
hab ich dem Singen, dem Gesang gegeben.
Jahrelang Lieder gesungen,
dem Beifall nach recht gut geklungen.
Dann war's mit Hobby singen aus,
für die Familie baut ein Haus.
Ans Häuserbauen mich gewöhnt,
als Hobby mich mit ihm versöhnt,
dass ich drei weit're noch erstellt,
dies Hobby brachte mir auch Geld.
Als zwanzig Jahre ich gebaut,
nach neuem Hobby ich geschaut.
Der Sammelfreude ich gefröhnt,
an weite Wege mich gewöhnt.
Fürs Pilze und Kastanien sammeln,

damit im Wald die nicht vergammeln.
Aus Wildfrüchten noch Wein gemacht,
in meinem, Klaus Bauch, untergebracht.
Doch bin ich älter worden dann
nun sammeln nicht mehr fröhnen kann.
Ein neues Hobby muss ersinnen,
damit Lang'weil tut nicht gewinnen.
Als Tätigkeit fiel mir da ein,
es kann doch auch mal reimen sein.
Man muss da keine Kraft aufwenden,
es reicht das Schreiben und das Denken.
Man lässt die Reime gute, fiese,
in die rege Feder fließe.
Es wird da sein, wie es bei allem,
dem einen wird's, dem anderen nicht gefallen.
Nun, zum Schluss stell fest ich eben,
wer Hobby hat, der tut auch leben.

13. September 2012

Das Sparbuch

Man kann es sagen, unumwunden,
ein Sparbuch ist mit Geld verbunden.
Man soll es darum sehr gut pflegen,
man soll es darum sorgsam hegen
und es gegen Klauverfahren
an einem sich'ren Ort verwahren.
Den muss man sich behalten dann,
damit das Buch man finden kann.
Auch ich, als wir im Urlaub fort,
glaubt's Sparbuch an'me sich'ren Ort.
Doch als wir wieder war'n daheim,
fiel mir's Versteck gar nicht mehr ein.
Wir suchten da in allen Ecken,
nichts zu finden ums verrecken.
Wir rauften fast uns Haare aus,
dem Frohsinn macht es den Garaus.
Gedanken sich da aufgebaut:
Wurde das Buch vielleicht geklaut?
Doch eines Morgens aufgewacht,
erinnerte ich mich ganz sacht,
das Sparbuch tat gar nicht verstecken
brauch nicht zu suchen in den Ecken.
Ja, vor lauter Urlaubsträumen,

tat ich's verstecken glatt versäumen
und ließ, als wir zum Urlaub fort,
es am altvertrauten Ort.

11. September 2013

Die Blutentnahme

Ob man noch fit ist und gesund,
kann einem tun ein Arzt nur kund.
Und so ist es halt im Leben,
dafür muss man Blut hergeben.
Und mancher, der groß, kräftig, lange
vor Blutentnahme wird dem bange.
Auch mancher, der stark wie ein Bär,
schwach wie eine Maus wird er,
wenn er sie sieht, die grausam Spitze
noch leere Blutentnahmespritze.
Er malt sich aus schon seine Pein,
wenn die da dringt in Vene ein
und schaut vor Angst erst gar nicht hin.
Doch längst die Spritz' in Vene drinn
und längst gefüllt aus ihr heraus,
die Blutentnahme, fertig, aus.
Man kann es sagen ohne Scherz,
die Angst oft größer als der Schmerz.
Ja, Angst soll lebenswichtig sein,
doch manchmal bringt sie unnütz Pein.

20. September 2012

Das Wartezimmer

Ich sitz' beim Arzt im Wartezimmer
und langweil' mich, so wie fast immer.
Um ihr Gesundheit zu erhalten,
sitzen hier fast nur die Alten.
Stumm sitzen die auf ihren Stühlen,
manchmal im Lesestoff tun wühlen.
Doch aufgelegte Lit'ratur,
ist halt bloß von gestern nur.
Man schaut zur Decke, Boden, Wand,
ob man was sieht, das int'ressant.
Ja, wie man sich auch dreht und windet,
außer Langeweil nichts findet.
Das einzig, was man da erlebt,
dass manchmal einer sich erhebt,
wenn er zum Arzt gerufen wird,
zur Untersuchung ist gekührt.
Nachdem zum Arzt manch Frau, manch Mann,
ist man dann endlich selber dran.
Die Langweil' plötzlich ist vorbei,
vorbei das tröge Einerlei,
weil aufs Ergebnis ist gespannt,
was Untersuchung spühlt an Land.
Und letztlich froh ist Frau und Mann,

wenn der Arzt ihn' helfen kann.

1. November 2012

Die Darmspiegelung

Im Mund schmeckt gut die gute Speise,
die dann geht auf Körperreise.
Der Magen ist die erst Station,
der fordert von ihr Durchgangslohn,
doch an Nährstoff längst nicht arm,
geht's weiter durch gerund'tem Darm.
Der sich im Körper sich dann windet,
holt raus, was dieser nützlich findet.
Dass dieses reibungslos und rund,
muss der Darm auch sein gesund
und man die Gewissheit hat,
eine Darmspiegelung muss finden statt.
Auch bei mir eins Tag soweit
zu prüfen Darms Gesundheit.
Ist er gesund noch ohne Tadel,
zählt er noch zu Körpers Adel?
Zum Prüfen muss er sauber sein,
ein Getränk d'rum in den Körper rein.
Das schmeckt nicht sauer, auch nicht süß,
vielleicht nach eingeschlafne Füß.
Wenn man genug dann in sich hat,
paar Stund danach find' Spiegelung statt.
Doch von dem Untersuchungshit

kriegt man doch wirklich kaum was mit,
weil man im Schlummer der Narkose,
nichts merket von der ganzen Chose.
Und als ich wieder aufgewacht,
der Arzt dann die Bemerkung macht.
Als sie waren eingenickt,
Polypen hab ich abgezwickt.
In ihres Bauch's Gedärmen runden,
hab' ich weiter nichts gefunden.
Doch zu Darmes Nutzen, Lieber,
in ein paar Jahr wir seh'n uns wieder.

14. Oktober 2012

Die Heiler

Anfangs bewundert Heiler sehr,
denn Heiler glaubt ich, haben's schwer.
Die ohne echt fundiertes Wissen,
manche Kranken heilen müssen,
um trinken von dem Saft der Reben
und nebenbei noch gut zu leben.
Ja, manche, die mal krank im Leben,
den hilft auch salbungsvolles Reden.
Das haben viele Heiler drauf,
viel Patienten richtest's auf.
Doch nicht nur reden ist Heilgrund,
die meisten werden sowieso gesund.

17. November 2012

Früher bei uns

Erinn're mich an früh're Zeiten,
als viele mussten Hunger leiden,
weil durch Krieg und Völkerstreit,
nur wenig Nahrung stand bereit.
Doch dieses galt gar nicht für alle,
für die nicht stand ein Schwein im Stalle.
Ja, bei uns in Nachbarschaft
ein Schwein fast jeder fett gemacht.
Ein jeder wollt' am Schweine hinten
den dick'sten und den fett'sten Schinken.
Um dieses Ziel gab es fast Streit,
fast litt die Nachbareinigkeit.
Doch wenn das Schwein sehr viel gewogen,
wurd' Fleischzuteilung abgezogen.
D'rum ein Wettkampf ums Gewicht
der Nachbarschweine gab es nicht.
Nur wenig wiegen sollt' das Schwein:
Man hat deshalb mit Strick am Bein
das Prachtstück dann als hochgehoben,
dass es die Hälft' nur hat gewogen.
Man bracht dann der Behörde bei,
es wiege nicht vier, nur Zentner zwei.
Und mussten mit Zuteilungskarten,

von weit'rem Fleisch nicht lange warten.
Wir mussten keinen Hunger leiden,
weil wir mit Schweingewicht bescheiden.

15. Januar 2013

Aktien

Aktien ja, die soll man kaufen,
von dem Geld, das tut man nicht brauchen.
Zudem muss steh'n noch bereit,
gute Aktieneinkaufzeit.
Wenn viele tun die Aktien loben,
weil deren Kurs stehet hoch oben,
dann weg die Hände von dem Kaufem,
lieber wartend dann verschnaufen.
Genauso gut das Geld ins Feuer,
weil die Aktien dann zu teuer.
Doch wenn man übern Kursverfall
der Aktien schimpfet überall,
dann sollte man nicht lange pfeifen,
beim Aktienkauf schnelle zugreifen,
damit man selbst kann freudig loben
wenn die Aktien wieder oben.

27. Dezember 2012

Eine Erfindung

Gelobet sei im ganzen Land,
der die Klorolle einst erfand.
Hierdurch wir konnten damals scheiden
vom Zeitungsblätter klorecht schneiden,
die man im Klo dann unterbracht
und sauber sich damit gemacht.
Dies kam nach säubern mit der Hand,
nachdem Buchdrucken man erfand.
Doch der Druck beschwärzt den Werten
der Benutzer hier auf Erden.
Zum Glück konnt' man dies nicht entdecken,
Hemd und Hos' tatens verdecken.
Doch durch die Kloroll', zart und rein,
stellte sich zum Glück das schwärzen ein.
Auch wenn man ohne Hemd-Hos' gehen,
nicht schwarz, nein, blank würde man sehn.
Zudem kann man da noch erwähnen,
man bräuchte gar sich nicht zu schämen.
D'rum gelobet sei im Land,
der die Klorolle einst erfand.

4. Januar 2013

Jahreswechsel

Und wieder ist ein Jahr zu End',
ein leer' Kalender in den Händ'.
Bewertet das vergang'ne Jahr,
was da gut, was nicht gut war.
Doch egal wie's war auf Erden,
Jahreswechsel muss gefeiert werden.
Beim Böllerknall, beim Würstchen essen,
negatives tut man vergessen.
Und freut sich aufs nächste Jahr,
hofft, dass es Gutes bringt fürwahr.
Beim Jahreswechsel das Rakentensteigen
soll wohl den Aufwärtstrend anzeigen.

2. Januar 2013

Übermorgen

83 bin ich eben,
tu, als tät ich ewig leben.
Liege täglich auf der Lauer,
ob's Konto zunimmt auf die Dauer.
Ob die Aktien steigen an
oder fallen dann und wann.
Wo es gibt die meisten Zinsen,
oder's Geld geht in die Binsen.
Denke nicht blos heute, morgen,
mach mir ums Übermorgen Sorgen.
Den Lebensweg nicht mehr gestalten
überlasse ich den and'ren Alten

11. November 2012

Eine tüchtige Frau

In der Jahnstraß', Freeses Haus,
lud man uns zum Geburtstagsschmaus.
Weil Freeses Fritz wurd 16 Jahr'
und ein junger Mann nun war.
Sein Vater sang - wer uns getraut -
Das hat uns fast vom Stuhl gehaut.
Ja, an diesem festlich Tag,
Charlotte noch in Windeln lag.
Sie war für uns ein kleiner Knülch,
der gierig schrie nach Mutters Milch.
Ja, ich muss es so benennen,
so lernte ich Charlotte kennen.
Wuchs aus den Windeln dann geschwind
und wurde ein patentes Kind.
Wuchs weiter zu'ner clev'ren Frau,
leistet viel für'n MGV.
Jahrelang sorgt sie mit Schwung,
für dessen Elfer-Sihezung.
Und war dabei noch höchst präsent
auch als Sitzungspräsident.
Hat nebenbei noch ungeniert
den Chor Goldkehlchen dirigiert.
Als mit dem MGV am End,

der Volksbühn Worms sich zugewendt
und wirkt dort als Regieassistent.
Wirkt weiter ohn' Erfolgesstau,
Charlott', wirklich 'ne tüchtig Frau.

11. November 2012

Lange Hälse

Die Giraffe ist ein schönes Tier,
der lange Hals ihr eine Zier,
mit dem holt Nahrung von den Bäumen,
von denen andere nur träumen.
Ja, ihr Hals ist vielfach länger
als der von uns, uns menschlich Schlemmer.
Besonders Pfälzer von der Pfalz
hätten gern so'n langen Hals,
damit der gute Pfälzer Wein
viel länger braucht für'n Magen rein.
Ja, der gute Wein der Pfalz
blieb länger in des Pfälzers Hals
und täte bei den Trinkerrecken,
dann auch entsprechend länger schmecken.
Ach, hätte doch der uns erschaffen
uns Häls' gegeben wie Giraffen.

23. September 2012

Trinksprüche

Dem Ingenieur ist nichts zu schwer,
nur ein Glas Wein, d'rum trinkt er's leer.

Schon Jesus hat den Wein geachtet,
sonst hätt' er ihn nicht selbst gemacht.

Sogar im Himmel tun sie Einen heben,
wie könnten die sonst alle schweben.

Wer Wein nicht mag, ist nicht bei Trost,
doch alle die ihn mögen - Prost - .

26. September 2012

Ein 80-km-Marsch

Damals als noch jung an Jahr',
von guter Kondition ich war.
Meinem Körper unterm Hemd
Müdigkeit, die war mir fremd.
Um das Müdsein ausprobieren
80 km wollt' ich marschieren
und die in einem Tagesstück,
um zu erleben Müdsein Glück.
In Speyer bin ich losmarschiert,
mit Fritz den ich hab' mobilisiert.
Das ferne Wörth am Rhein
sollt' unser Endziel sein.
Nun liefen wir zwei fitten,
dem Ziel zu mit Meterschritten.
Und liefen alle Bogen aus,
dass kam die Endlänge heraus.
Nach fünf Stund', vielen km,
verspürte Hunger da einjeder.
Wir machten darum Essenspause,
um schnelle weiter dann zu sause.
Doch als vom Essen uns erhoben,
die Gelenke waren wie verschoben.
Uns tat das schnelle Gehen reichen,

wir müde durch die Landschaft schleichen.
Keine Bogen nun mehr laufen,
erschöpft dem Ziel entgegenschnaufen
und mit dem letzten Teil der Kraft
bis nach Wörth es g'rad geschafft.
Von uns beiden wusste jeder,
es war'n nur 50 km.
Mir wurde klar so recht geschwind,
warum müde oft nicht fleißig sind.
Dass faul sein ist kein übler Scherz,
vorm Fleiß bewahrt der müdsein Schmerz.

28. März 2013

Später Frühling

Manchmal ist es so auf Erden,
es will, es will nicht Frühling werden.
So ist es auch in diesem Jahr,
der Winter reist nicht ab für wahr.
Verhält sich weiter kalt und rüde,
macht uns lustlos, schlapp und müde.
Doch zwei junge Nachbarsleut
verbreiten trotz dem Winter Freud
und schmücken ihr bewohntes Haus
frühlingshaft mit Lampions aus.
Laden leuchtend Frühling ein,
doch baldigst bei uns Gast zu sein.

14. April 2013

Die Bösen, die Braven

Die Rechten schreckliches gemacht,
zehn Türkendeutsche umgebracht.
In einem Zeitraum von zehn Jahr',
der Polizei wurd' nichts gewahr.
Man fürchtete Nazigesinnungslauf
und regt' sich sehr d'rüber nun auf.
Doch wir, die braven Bürgersleut',
veranlassen viel schlimmeres heut.
Durch zu schnelles Autofahren,
schaffen wir Unfallgefahren.
Nicht zehn Tote in zehn Jahren,
trau' mich fast nicht, dass ich es sage,
nein, zehn Tote gar an einem Tage.
Uns sollte hieraus werden klar,
nicht die Bösen – nein wir Braven
sind die größte Gefahr.
Die gerne schnelle Autos lenken
an was passieren kann gar nicht tun denken.

10. Mai 2013

Krankenwachstum

Ja, so ist es halt mal eben,
ein Arzt kann nur vom heilen leben
und dass er davon gut kann leben,
muss es nun mal Kranke geben.
Ohne Untersuchung man nun nicht wüsst',
wer vielleicht krank da ist.
Muss Menschen darum überzeugen,
der Untersuchung sich zu beugen.
Man kann dies tuen, ganz gelassen,
bezahlen tun's die Krankenkassen.
Bei aufmerksam' Arztuntersuchen,
bei vielen Mängel kann verbuchen.
Je mehr man untersucht im Land
um so größer ist der Krankenstand.
Für die Arztpraxen ist das toll,
weil die belegt sind, weil die voll.
Auch hier gilt was Wirtschaftler sagen:
Förderlich sind Wachstumsraten.

15. Mai 2013

Endlich Sommer

Hurra, Hurra,
der Sommer, der ist endlich da.
Nach dem wir lange uns gesehnt,
als Nass' und Kälte uns gequält.
Tage mit Sonne ohne Regen,
sehnsüchtig hofften den entgegen.
Nun haben wir die Sommerhitze,
nun ärgert uns das viel' Geschwitze
und merkten ganz geschwinde gar,
wie schön es, als es kühler war.
Und merkten, es war Gottes Segen,
als er geschenkt Tage mit Regen.

18. Juli 2013

Marga

Marga, 'hast Talent in vielen Sachen,
könnt' täglich ein Gedicht dir machen.
Um so leichter fällt es mir,
heute ein Lob zu spenden dir.
Ja, du hast in deinem Leben
vielen Gutes oft gegeben.
82 bist' nun alt,
Freud bring die Fahrt in Odenwald
bei schönem Wetter, Sonnenschein
in einem gut Lokal kehrt ein.
Doch zum Schluss ich ohne Stuss
dir noch sagen muss.
Ja, du hast bei weitem,
viele gute, schöne Seiten.
Von welcher Seite dich man sieht,
wirkst wie 'ne Rose die erblüht.

19. Juli 2013

Ein Krankenhausaufenthalt

Tochter Martha sieht mich an,
sagt: Papa, ach du lieber Mann,
ganz schwach und blässlich siehst du aus,
zur Untersuchung ab ins Krankenhaus.
Kein Wehren half, kein Pap-lapap,
am Montag liefert man mich ab.
Beim Dr. Stiefel, Internist,
der ein guter Arzt auch ist.
5 Tage wurd ich da verbandelt,
von ihm und Schwestern gut behandelt.
Doch wo wenig Mängel winken,
der beste Arzt kann nicht viel finden.
Ich würde etwas wenig trinken,
das kam zum Schluss dann heraus,
dann schickte man mich heim nach Haus.

25. Juli 2013

Richard Wagner

Zu Richard Wagner ich kann sage',
er war ein unverschämter Knabe.
Was für die Säner er gemacht,
der'n Stimme oftmals umgebracht.
Auch Musik die er geschrieben,
oft laut, fordernd und übertrieben.
In seinen Opern die Gestalten
tun darin brutal schalten, walten.
Friedlichkeit nicht deren Ziel,
nein davon halten die nicht viel.
Die hauen mit dem Schwert um sich,
geben Gegner oft den Todesstich.
Auch der'n Sprache gibt nicht viel,
weil sie oft kein guter Stil.
Im Fernseh'n der Holländer aus Bayreut,
kein guter Text mich da erfreut.
Ja, Wagner auch in seinem Leben,
hat mehr genommen als gegeben.
Bei Hochgestellten schmeichelte an,
nur dass er sicher leben kann.
Zwar hat er damals nicht gehascht,
doch Frau vom Freunde gar vernascht.
Vom Wagner, Ring d'rum wend' mich gleich,

kehr ein bei Beethovens Fidelio,
Freiheit, himmlich Reich.

26. September 2013

Der Sparsame

Verwandt sein, Freundschaft dahin lenkt,
zum Geburtstag wird etwas geschenkt.
Gemäßigt soll dies schenken sein,
gut gibt dies her 'ne Flasche Wein.
Gibt da nicht viel Euro aus,
der Geldbörs' macht's nicht den Garaus.
Doch bei Geburtstagen, den Runden
wird die Geldbörs' mehr geschunden.
Ich habe da nicht lang gedöst
und das Problem wie folgt gelöst.
Die Geldbeträg die mir geschenkt,
hab ich gespart, für nichts verwendet.
Auch den geschenkte Krügerrand,
habe ich für nichts verwandt.
Und sage nun ganz unumwunden,
bewahret für den der Schenker runden.

26. September 2013

Pilzezeit

Ja, im Herbst, da gibt es halt
viel Pilze als im Pfälzer Wald.
Das ist nun doch ein herrlich Ding,
man findet Steinpilz, Pfifferling.
Die groß sind und auch prächtig, schön,
die lasset man am besten steh'n.
Es sollten wissen Eltern, Kind,
dass die meist voller Würmer sind.
Ist der Korb doch voll von festen, jungen,
das sammeln dann sehr gut gelungen.
Nicht alle sind zum Essen gut,
d'rum gut, wenn man sie kennen tut.
Bei den als Röhrlinge benannt,
sind keine giftigen bekannt.
Man tut am best' nur diese sammeln,
die and'ren lässt im Wald vergammeln.
Das von mir beschriebne Wissen,
Pilzsammler sollen nicht vermissen.
Auch meinen Kids dies beigebracht,
weil die nun gehn auf Pilzejagd.

1. Oktober 2013

Wissen der Enkel

Bei meinen nun 10 Enkelkinder,
soll die Bildung sein nicht minder.
D'rum oft mich nützlich hab gemacht,
vieles denen beigebracht.
Und das ist dabei hängengeblieben,
wissen wer Goethes Faust geschrieben
und ohne nochmals nachgeschaut,
wieviel Häuser ich gebaut.
Ja, an allgemeinem Wissen,
lassen die gar nicht vermissen.
Weil meine Enkel hab belehrt,
ich deren Wissen so vermehrt.

14. Oktober 2013

Regen, Sonnenschein

Wenn ich aus dem Fenster schau,
sehe ich nur grau in grau.
Von Wolken Himmel ganz bedeckt,
hinter denen Sonne sich versteckt.
Von ihrem Scheinen leuchtend schön,
ist wirklich gar nichts mehr zu sehn.
Anstelle von Schönwetterspaß,
spendet der Himmel Regennass.
Die Freude am spazierengehen
tut einem da ganz schnell vergeh'n.
Doch was bei Menschen Freud tut stutzen,
den Pflanzen aber bringet Nutzen.
Was für Menschen ist das Geld,
für Pflanzen ist wenn Regen fällt.
D'rum fällt zum Schluss mir hierzu ein:
Lass es auch mal trübe sein,
auf Regen folgt der Sonnenschein.

24. Oktober 2013

Die Telefonüberwachung

Empört ist vieler Bürger Sinn,
man überwacht die Kanzlerin.
Und es klingt fast wie ein Hohn,
sogar ihr privates Telefon.
Ja, man hält es nicht für wahr,
von dem Geheimdienst USA.
Das kann, das darf doch gar nicht sein,
Obamas Leute soll'n es sein.
Und über dies Geschehens Lauf,
reget man sich mächtig auf.
Doch viele die vergessen eben,
Präsidenten tun gefährlich leben.
Um deren Leben zu beschützen,
viel Informationen muss man nützen.
Dafür auf dieser Welt,
sind die Geheimdienste bestellt.
Die Informationen sich beschaffen,
um Gefährlichkeiten zu erschlaffen.
Der Präsident ein starker Mann,
Beschützer nicht bestrafen kann.
Er will, er kann es auch nicht wissen,
was die für ihn, für'n Staat tun müssen.
Meine Einsicht nun am End',

Geheimdienst vielleicht stark wie Präsident.
Die Überwachung so geseh'n,
kann man diese fast versteh'n.

27. Oktober 2013

Ein Bischof

Der Bischof von Limburg unchristlich verhalten,
er tat seinen Wohnsitz gar üppig gestalten.
Den Gläubigen empfahl er bescheiden zu leben,
einfach, genügsam, wie Jesus halt eben.
Doch er für sein gepflegtes üppiges Haus,
gab locker Millionen von Euro gar aus.
Ja, er lies Geld, das für Arme könnt' spenden,
für sein eigenes Wohlbefinden verwenden.
Dieses Geschehen, Eigennutz Lauf,
regte die Gläubigen des Bistums sehr auf.
Sie fanden sich zu Protesten zusammen
und taten des Bischofs Verhalten verdammen.
Doch dieser ganz ungerührt,
sein üppiges Verhalten hat weiter geführt.
Und viele Gläub'gen dies taten erkennen,
taten vom Bischof dem Hirten sich trennen.
Bischöfliche Kollegen und der Papst sahen ein,
wer sich so verhält, kann Vorbild und Hirte nicht sein.
Man hat darum ihn, den zur Zeit kann nicht loben,
auf unbestimmte Zeit seine Diözese entzogen.
Man gab ihm die Zeit, sich zu besinnen
und Einsicht, Bescheidenheit dabei zu gewinnen.
Dass dann hier auf dieser Erde,

er ein bescheidener Bischof dann werde
und einsichtig führt wie ein Schäfer die Herde.

30. Oktober 2013

Ein Auto

Fährt ein Auto nicht mehr weiter,
kann man nur sagen leider, leider.
Weil zu Fuß muss' weiter gehen,
wenn das Auto bleibet steh'n.
Bäcker, Metzger nicht mehr um die Ecke,
d'rum heut' muss gehen weite Strecke,
zum Einkaufscenter vor der Stadt,
man daher lange Wege hat.
Auch dieses mag nicht Frau, nicht Mann,
Kosten die da fallen an.
Vergisst da wohl ein fröhlich singen,
wenn's Auto muss zur Werkstatt bringen
und zu allen sonstig' Qualen,
Reparatur man muss noch bezahlen.
Da wünscht sich jeder wohl beileiben,
mein Auto soll nicht stehen bleiben.

8. November 2013

Die Demokratie

Die beste Staatsform ist wohl nur
eine gerechte Diktatur.
Ja, die Alten wussten schon
gerechter Herrscher Golteslohn.
Doch ob schlecht, oder gerecht,
die Erfahrung man erst macht,
wenn ein Mensch ist an der Macht.
Bei Geschichtsbetrachtung fällt es auf,
oft nahm Geschichte bösen Lauf.
Wie man sich drehet und auch windet,
gerechte Herrscher man kaum findet.
D'rum sollte Demokratie man wagen,
da haben mehrere das sagen.
Jeder gibt auf And'ren acht,
dass der auch keine Fehler macht.
Dazu noch kritisch freie Presse,
die kritisch prüft unterdesse'.
Wenn's auch nicht ist das Beste eben,
lässt's Völker doch friedlicher leben.
Man sollte dies bedenken schon:
Die Überlebensselektion
schafft den egoistisch Menschensohn.
Der nun halt, ohne Stuss,
mit seinem Egoismus leben muss.

22. November 2013

Mandela

Mandela tat die Freiheit lieben,
doch dies hat ihn in Haft getrieben.
27 Jahre lang,
fast so lang wie lebenslang.
Viele wären d'ran zerbrochen,
er kam heraus ganz ungebrochen.
Wurd seines Landes Präsident,
Rach' und Hass, die war'n ihm fremd.
Von vielen darum sehr verehrt
ins Jenseits nunmehr heimgekehrt.
Viel' Politiker dies bedauern,
doch sollt' man anstatt ihn zu betrauern
in seiner Nachfolge sein
befreit von Hass und von gemein.

10. Dezenber 2013

Ein Badeerlebnis

Früher bei heißem Sonnenschein,
ging's als zum Baden nach Worms an den Rhein.
An der Sandbank Platz als genommen,
sind wir von dort zum Schwimmen gekommen.
Von der Strömung abwärts getragen,
taten rheinaufwärts auf Schiffe uns wagen.
Auch ich einst in Höhe der Eisenbahnbrück',
wollte wieder zur Sandbank zurück.
Ein schnell fahrend Schiff darum angeschwommen,
doch war ich auf diesem gar nicht willkommen,
wurde in meiner Festhaltenot
mit Schimpfen und einem Besen bedroht.
Vor Aufregung tat meine Badehose rutschen,
um an den Beinen nach unten zu flutschen.
Zum Glück an der groß' Zehe die sich verfangen,
konnt g'rad noch ans Ufer mit dieser gelangen.
Konnt – Gott sei Dank – ohn' mich zu genieren,
mit Hose dann zur Sandbank marschieren.
Ja, hätt' ich die Hosen damals verloren,
wär' nackend gewesen wie neu geboren.
Würd' heut' noch im Versteck schämend sitzen,
im Winter tät frieren, im Sommer tät schwitzen.

19. Dezenber 2013

Ernst Schmitt

Mit Erinnerung muss weit zurück,
denk ich an Bürgermeister Schmitt.
Als Nazi kamen an die Macht,
zum Bürgermeister er's gebracht.
Betrachtet man sein Wirken dann,
trotzt Nazi, war's ein guter Mann.
Wie Freund Lothar mir erzählt,
Gestapo hat ihn sehr gequält,
weil man zur Anzeig hat gebracht,
Hitlers Attentäter bei ihnen übernacht.
Er war damals in großer Not,
stand vor KZ und vor dem Tod.
Wär Ernst Schmitt da nicht gewesen,
Lothar wäre längst vergessen.
Schmitt brachte der Gestapo bei,
dass unglaubhaft der Zeuge sei.
Auch damals unser Pfarrer Schneider,
schimpfte auf der Kanzel weiter
auf das schlecht' Nazisystem
und wurde diesem unbequem.
Wurd' verhaftet von der Polizei,
doch Schmitt boxt wohl ihn wieder frei.
Als der Krieg fast war zu Ende

und wir standen vor der Wende,
ließ er uns Panzersperren schleifen,
ohne uns zurück zu pfeifen.
Er riskierte da sein Leben
zum Glück ein Hauptmann hat's gegeben,
der ließ Vernunft da nicht vermissen
und bewahrt' ihn vorm Erschießen.
So kann man sagen heut,
nicht alle Nazis schlechte Leut.

13. März 2013

Albert zum 75sten

Albert, bist nun fünfundsiebzig,
bist noch voller Schwung und witzig.
Die Jahre sieht man dir nicht an,
wirkst wirklich wie ein jüngerer Mann,
zählst noch längst nicht zu den Alten,
die Nidja hat dich jung gehalten.
Und wenn du sitzt bei Bier und Wein,
viel Lustiges fällt dir da ein.
Lässt manches witziges da krachen,
bringst dein Umfeld oft zum lachen.
Ja, du bist wirklich kein Lahmer,
warst auch ein guter Eisenbahner.
Ja, ob bei Familie und auch Bahn,
immer stand'st du deinen Mann.
D'rum soll jetzt dein Lob erklingen,
lasst uns da happy birthday singen.

2. Mai 2013

Vatertag

Juchei, heute ist Vatertag,
Väter geehrt für Zeugungsplag.
Deren selbstlos' Tun,
am Vatertag gedenket nun.
Die einsam und gefühlbar arm,
kein Baby hält im Leib die warm.
Und so ist ein Vaterleben,
der Mutti muss noch Wärme geben.
Doch am Vater Ehrentag,
darf er mal machen, was er mag.
Er darf alleine aus dem Haus
und gehen mit andren Vätern aus.
Darf vielleicht auch Wein mal trinken,
wenn's Geld reicht, essen Brot und Schinken.
Darf bleiben auf der Tagestour,
sogar bis Abends um 8 Uhr.
Da muss er dann zu Hause sein,
um 9 Uhr muss ins Bett er rein.
Zu diesem allen ich nun sag,
hoch lebe unser Vatertag

9. Mai 2013

Die Lobenswerte

Ja greif zu und schaut nicht weg,
bleibt nicht stehn an jeder Eck'
und verplaudert dort die Zeit,
nein, zu helfen sie bereit.
In Krankenpflege nicht gegammelt,
viel Erfahrung sie gesammelt.
Verwendet diese nun mit Fleiß,
zum Wohl der Kranken, wie man weiß.
Auch zu Hause sie nicht minder,
ist die Mutter von 6 Kinder
und die erziehet sie ganz rund,
die fühlen sich wohl und gesund.
Zum essen gibt's kei' mag're Knochen,
sie tut auch wirklich sehr gut kochen.
Zudem backt sie noch guten Kuchen,
als köstlich muss ich ihn verbuchen.
Nun, wen lobet ich denn da,
es ist uns're Tochter, die Martha.

16. Juni 2013

Ein Feuerwerk

Manch Fest, das da zu Ende geht,
mit Feuerwerk, es wird verweht.
Ein Feuerwerk kann sagen nur,
ist doch Vergänglichkeit in pur.
Kaum sich ein Lichtbild aufgebaut,
wird sein Vergehen schon geschaut.
Ja, die geschaute Vision,
ist vielfach eine Illusion.
Was wir da sehen als am Himmel,
ist letztlich doch nur Lichtgebimmel.
Doch auch so kann man es seh'n,
stehet auch für werden und vergeh'n.

26. Juli 2013

Merkel, Gabriel

Nachsagten sich, sie seien fehl,
im Wahlkampf Merkel, Gabriel.
Beim Bundeswahlkampf beide tobten,
sich damals wirklich sich nicht lobten.
Ja, machten da gar viel Geschrei,
wie unfähig der and're sei.
Doch nach des Wählers Wahlentscheid,
ging das regieren nur zu zweit.
Machte d'rum Koalition,
beide nun wie Mutter, Sohn.
Keiner schimpft mehr übern ander'n,
politisch brav zusammen wandern.
Man merkt:
Die waren sich nie wirklich böse,
alles nur Wahlkampfgetöse.

24. Januar 2014

Richtige Fragestellung

Ob Frage man beantworten kann,
kommt auf die Fragestellung an.
Fragt man wer hat den Faust geschrieben,
bleibt schon einmal die Antwort liegen.
Fragt man wer schrieb den Goethes Faust,
„der Goethe!" es aus Mündern saust.

7. April 2014

Eine Baumfällung

Serbisch Fichte mächtig, groß,
wie bringe ich die weg denn blos?
Wenn die vom Sturm zum Haus geweht,
sehr großer Schaden dann entsteht.
Ich dachte hin, ich dachte her,
wer steiget auf den Baum, ja wer?
Und tut den Baum von oben kürzen,
daß er nur hälftig hoch kann stürzen.
Doch niemand machte sich zu eigen,
den hohen Baum halt zu besteigen.
Am Schlusse fiel es mir da ein,
wer das soll tun muss Profi sein.
Die Firma Huj gesucht, gefunden,
die hat sich da nicht groß gewunden,
den Baum von unten ganz entästet,
von einem der am Stamm befestet.
Am Schluss stand wie auf Fahnenstange,
der Profi hoch oben ohne bange
und warf den Stamm ganz locker, munter,
in Meterstücken dann herunter.
In gut zwei Stunden war's gescheh'n
und von dem Baum nichts mehr zu seh'n.

2. Mai 2014

Nachbar und Alterskamerad

Willi Kulzer, es ist wahr,
wurde 84 Jahr.
Als guter Nachbar mir gegeben,
waren wir uns nah im Leben.
Dazu kam, auch noch ja fürwahl,
der gleiche Geburtsjahrgang gar.
Wenn man Bewertung gab uns Beiden,
Willi war's der stets bescheiden.
Ja, ich gesteh es heute ein,
wollte stets der Bess're sein.
Zum Beispiel in der dritten Klasse,
im Rechnen hielt ich uns für Asse.
Um zeigen da wie gut ich's kann,
strengte ich mich mächtig an.
Auch Willi war im Rechnen gut,
doch dies für sich behalten tut.
Das Gut sein war ihm einerlei,
um sein Talent macht er kein Geschrei.
Für mich fiehl ihm doch damals ein,
wichtig will der Walter sein.
Er meint es ehrlich und auch echt,
ich sag es heut, er hatte Recht.
Ob ich mich nun gebessert habe

oder immer noch der alte Knabe
kann zu sagen ich nicht wagen.
Willi muss früh aus Kindheit scheiden
musst elterlich Betrieb betreiben.
Grad 14 Jahre war er alt,
als zu End' seine Kindheit halt.
Die Landwirtschaft er gut geführt
die Elli dann zur Frau geführt.
Er immer geradeaus geschaut,
eine Familie aufgebaut.
Das Feld gepflegt, die Küh gemist,
war nebenbei noch Organist.
Die kirchlich Orgel er spielt noch heut
zu Gottes Lob, den Leut zur Freud.
Ja, zum Schluss nur sagen kann,
Willi ist ein guter Mann.

6. April 2013

Begründung des Seins

Alles was ist, ist weil vorstellbar.
Das Nichts ist nicht zu beschreiben für wahr.
Das Nichts kann darum sein nicht existent.
D'rum alles muss sein, was man kennt und benennt.

8. Oktober 2014

Das Demonstrieren

Demonstrieren kann oft friedlich sein,
weil viele Chaoten gern mischen sich ein.
Begehen dann Vernichtungssünden,
zerstören gar viel und tun Autos zünden.
Fordern heraus die Polizei,
friedlich demonstrieren dann sehr schnell vorbei.
Wegen der zündelten Chaoten
wird dann demonstrieren polizeilich verboten.
Das heizet weiter die Stimmung noch auch,
was friedlich gewollt, nimmt bösen Verlauf.
Anstelle von friedlichem Verhandeln,
Demonstrationen in Zerstörung sich können wandeln.
Darum:
Die friedlich, erfolgreich woll'n demonstrieren,
soll'n die Zerstörer verjagen um nicht zu verlieren.

26. Januar 2014

Der erste Anzug

Wann früher mit 14 aus der Schule man kam
begann dann die Zeit als junger Mann.
Mit langen Strümpf, kurzen Hosen war nichts mehr.
Der erste Anzug, ja der musste her.
Nein, zum Kaufhaus tat man nicht laufen
um dort einen Anzug zu kaufen.
Man machte sich den Zoff
und kaufte für einen Anzug Stoff.
Ging mit dem dann zum Schneider,
der damals für Leute machte die Kleider.
Man wurde vermessen, dort vorne und hinten,
um des Anzuges richtige Form auch zu finden.
Ja, öfter musst man zum Schneider als gehen,
weil zum anprobieren der einem wollt sehn.
Wann der Anzug dann fertig und passte genau,
konnt man bewegen sich stolz wie ein Pfau.

19. November 2014

Der Etikettenschwindel

In Funk und Fernseh'n ein Gegreich,
beigemischt ist Pferdefleisch.
Ein Geschöpf, das bringet Ehren,
das tuet man doch nicht verzehren.
Auch weil's ein guter Kamerard
Verzehren wär unfeine Art.
Um Leute davon abzuschrecken,
ein Märchen tat man sich entdecken.
Urin durch's Pferd geht mit dem Blut,
drum's Pferdefleisch schmeckt nicht so gut.
Der Vater erzählte es dem Sohn,
normaler Tod viel' Pferde Lohn.
Natürlich ist Pferdefleisch gesund
und gar nicht von Urin geschundt,
man isst's nicht, isst ja auch kein Hund.
Und die, die Pferdefleisch beigemischt,
hoch Strafe denen aufgetischt.
Ja die, die Etikettenschwindel
den Po versohlt ganz ohne Windel.

20 Februar 2013

Der Wormser Dom

Der Wormser Dom, alt 1000 Jahr
ist ein Bauwerk wunderbar.
Ja, vor 1000 Jahr errichtet
von frommen Leuten wie erdichtet.
Gemauert mit Naturgestein
ein Haus für Gott, das soll er sein.
Gebaut wohl für die Ewigkeit
zu Gottes Lob für alle Zeit.
Der Dom macht stolz die Wormser Leut,
weltweit Bewundrung ist ihm Beut,
schon Siegfried sich an ihm erfreut.
Er soll erhöht alleine stehn
von der Seit gut einzusehn.
Direkt vor ihm soll'n sich nicht outen
zweckdienliche, profane Bauten,
die den schönen Dom verdecken,
dass Blicke auf ihn tun anecken.
Ja, ihr kirchlich, planrich Recken,
plant nicht, was den Dom verdecken.
Lasst den Dom alleine stehn,
dass man von jeder Seit ihn seh'n.

16 Februar 2013

Die Fastenzeit

Und wieder ist's im Jahr soweit,
dass wier sind in der Fastenzeit.
Von kirchlich Seite wird empfohlen
von Völlerei uns zu erholen.
An viel gut Essen soll man sparen
um guten Platz im Himmel zu wahren.
Priester, Bischöf, Kardinäle,
tun uns Frommen dies empfehlen.
Doch wenn ich die betracht auf Erden,
in der Fastenzeit nicht mager werden.
Ja, in der löblich Fastenzeit,
sprengt ihr Figur gar oft das Kleid.
Da möchte ich mich nicht einklinken
spare als bei Wasser trinken,
ess wenig Wurst, dafür nur Schinken.
Ja, in der löblich Fastenzeit,
zum einschränken auch ich bereit.

22 Februar 2013

Die Freimaurer

Bei Freimaurern vermutet man Geheimwissenschaft,
deren Abruf, so glaubt man, gibt ihnen viel Kraft.
Sie sind wohl aus Dombauhütten entstanden,
wo beste Köpfe ihr Wissen verwanden.
Um nicht in gefühlsmäßig Trägheit zu erschlaffen,
eine bessere Welt sie versuchten zu schaffen.
Was heute Hochtechnik die Astronauten,
war'n früher Architekten der Kathedralbauten.
Die versuchten zu schaffen ne' bessere Welt,
wo in Freiheit man lebt und hat auch noch Geld.
Darum man sich darauf besonnen
in entscheidene Positionen zu kommen.
Um dies zu erreichen, tat es halt nützen,
sich gegenseitig zu unterstützen.
So wuchsen die gleichen gedanklichen Brüder,
die als ihr Wirkungsentgelt
zum Teil geschaffen eine bessere Welt.

16. Januar 2014

Die heutige Welt

In meinen spät'ren Jahren
es mir nunmehr einfällt,
wir, die heute Alten
sind aus einer and'ren Welt.
Romantisches Erfühlen
in unserer Zeit war in.
Wir hörten gerne Lieder
aus der schönen Müllerin.
Besiegten machen jungen Frust
mit – wandern ist des Müllers Lust -.
Sangen als auch Lieder wie das Morgenrot
vom tapferen Soldatentod.
Sangen noch viel Unsinn mehr
wie – Volk ans Gewehr -.
Diese albern Duselei,
ist Gott sei Dank heute vorbei.
Hat diese doch ganz ungeniert
in zwei große Kriege geführt.
Heute hat man Internet,
sich weltweit kann verbinden.
Um diesem dann ganz unbeschwert
weltweites Wissen zu entwinden.
Hierdurch kann sich entwickeln

nun aufgeschlossner Sinn.
Der zum freien Denken
die Jungen führet hin.
Bei vielen sieht das Leben
ganz anders heute aus,
kann man doch heute kaufen
im Internet zu Haus.
Man muss nicht mehr zusammen
im Zimmer heute sein.
Im Internet, wenn ferne
auch nahe man kann sein.
Persönlich unterhalten
kommt seltner heute vor.
Durch Straßen laufen Leute
mit Handys an dem Ohr.
Doch nur, wenn zum Begreifen der Welt,
Einsicht zur Toleranz gesellt,
nur dann so leuchtet mir es ein,
kann unsre heutige Welt eine bessere sein.

22. Juni 2014

Die Maus im Haus

Neben uns im Nachbarhaus
Glaubt man bemerket eine Maus.
Ne Maus zu klein als Kuscheltier,
die sucht ihr Futter dort und hier,
das in ihr'm Bauch zu Mäusedreck
das lagert sie in jeder Eck.
Zu wenig für den Gartendung
viel Arbeit für die Reinigung.
Um dieser nicht entgegenbangen
entschied man sich die Maus zu fangen.
Doch wer von all den Nachbarsleut
hat noch ne' Mausefalle heut.
Zum Glück wurd' bei finanziell gesunden
eine Mausefall' dann doch gefunden.
Die wurde zur Verfügung g'stellt,
als gute Nachbarn ohne Geld.
Doch dann, es stellte sich heraus
zwei kleine Kinder sind im Haus.
Das in der Eck kein Mäusedreck
Ist Brotkrümel von Brot-Weck.
Dies hat zur Einsicht mich gelenkt
oftmals ist es anders
als man manchmal denkt.

7. April 2013

Die Mühengässer Tante

Eine unser nächst Verwandte
war einst die Mühlengässer Tante.
Die, wie in Erinnerung ich verbuchte,
mit meinen Eltern oft besuchte.
Ein Boxerhund an dem sie gehange
macht als Kind mir Angst und Bange.
Ich flüchtet drum auf Esstischbank
auf der dann noch ein Stühlchen stand.
Und fühlte mich da ich hoch oben
vom Lumpi sicher aufgehoben.
Restängste, die bei mir noch blieben
wurden mit Schnuckelein vertrieben.
Mühlgässer Tante einst hoch in Acht,
ihr Ältester es weit gebracht.
Ja, er war im Wormser Land
als besonders tücht'ger Arzt bekannt.
Zum Chefarzt vom Martinstift einstens ernannt.
Und dafür muss auch ich ihn nun loben,
den Namen Denschlag bracht er nach oben.

5. Dezember 2014

Ein Koch

Ein guter Beruf zu allen Zeiten,
bei dem man nie musst Hunger leiden
ist wohl Köchin oder Koch.
Wo gibt es einen bess'ren noch.
Will guten Essen man bereiten,
Vorkosten muss beim zubereiten
man öfters als die gute Speise
bevor die geht zum Mund auf Reise.
Ja, das Essen zubereiten
bewahret schon vor Hunger leiden.
Und weil schmackhaft es sein muss,
macht's Vorkosten noch Genuss.
Obwohl beim Kochen sich geschunden,
haben Köche oft nen Bauch, nen runden.
Man abschließend sagen kann,
der Kochberuf ernährt den Mann.

19. November 2014

Ein Zeitvertreib

Früher war nicht dick, war mager,
war schlank gebaut, ja war fast hager.
In meines Körpers Leibes Runde
war nur die richtig Anzahl Pfunde.
Ja, damals hab ich noch geschafft
und ans Essen nicht gedacht.
Habe auch noch Sport getrieben,
Essgedanken dies vertrieben.
Diese Zeit war dann zu Ende,
als ich ging in Altersrente.
Nicht bürotätig mehr gesessen
bin nun zu Haus, denk oft an Essen.
In Haushalt mich nicht reingepfuscht,
nein, in der Wohnung rumgehuscht.
Merk öfter, dass ich hungrig bin
und eile dann zum Kühlschrank hin.
Hol mir zum Essen gute Sachen,
das ist so schön wie fröhlich lachen.
Nur eines ist dabei schon bitter,
mehr Essen macht halt fett und dicker.
Doch: Bei meinem Essverhalten werd ich bleiben,
muss mir doch die Zeit vertreiben.

20. Oktober 2013

Früher und heute

Früher allgemeiner Hit,
man traf sich, teilte sich auch mit.
Wie ich mich noch erinnern kann
bis abends um neun kamen noch Gäste an.
Sprachen über Politik und auch die Nachbarsleut,
über deren Leid und auch deren Freud.
Man erfuhr da sehr viele Dinge,
wie gut und wie schlecht es manchem erginge.
Erst um zehn Uhr schob man am Tor
den Absperrriegel zum sperren dann vor.
Heute wird gar kurz vor der acht
der Sperrriegel schon zugemacht.
Man schaut das abendlich Fernsehprogramm
sich sitzend dann im Sessel sich an.
Tut im Sessel sich nicht viel rühren,
lässt die im Fernsehen als diskutieren.
Schläft vielleicht dabei noch ein,
geht irgendwann ins Bett dann hinein.
Ja, es ist nicht mehr so wie es früher einst war,
die Menschen sind einsamer gar.

24. November 2014

Hauptsache gut Essen

Wenn ich da manchmal Fernseh schau,
geht es oft umd Mann und Frau.
Doch nicht um diese beide nur,
auch um Geschichte und Kultur.
Geht manchmal auch um das malochen,
sehr oft jedoch geht's um kochen.
Ja, manches wird da heut vergessen
Hauptsache ist trinken, essen.
In welch Lokal man kehret ein,
wo's Essen reichlich schmeckt und fein.
Im Fernsehen wird oft erklärt,
wie man gut kocht, was man verzehrt.
Dies Verhalten lässt vergessen,
in vielen Ländern wenig essen.
Durch unsren groß Wohlstandsverbrauch
gibt's dort nur wenig für den Bauch.
Wir sollten deshalb daran denken
uns mäßigen, vielleicht mehr spenden.

31. Januar 2014

Kraft des Bösen

Ich bin ein Teil von jener Kraft,
die das Böse will und doch das Gute schafft,
lässt Goethe den Mephisto sagen.
Wie weit dies stimmt, tu ich nicht fragen.
Gut sein heißt, nicht sein gemein,
nein, hilfreich für die andren sein.
Wenn uns're Vorfahren so benommen,
wir nie im Diesseits angekommen.
Zumeist rücksichtslose, die geboren
im Lebenskampfe nicht verloren.
Doch auch die ängstlich, clevren von zu Haus,
nutzen ihre Chancen aus.
Schnelligkeit und Cleverness
brachten Überlebungsbiss.
Von diesem Verhalten und vielleicht mehr,
kommen wir heutigen nun halt mal her.
Zum Überleben mussten die Vorfahren, die alten,
sich egoistisch, rücksichtslos einstens verhalten.
Ja, ohn sich das schlechte zu ird'chem gesellt,
gäb's uns zum gut sein nicht auf dieser Welt.
So hat die böse Teufelskraft,
vielleicht das Gute doch geschafft.

24. Oktober 2013

Niedrige Zinsen

Die Zinsen sind zu Schuldner Freud
kaum 3 Prozent, halt niedrig heut.
Doch der dafür sein Geld will sparen,
am liebsten in die Luft würd fahren.
Zählt sparen einst zu guten Sachen,
am liebsten heut würd Schulden machen.
Man jedoch soll nicht verdammen,
zählt Spargeld, Schulden halt zusammen,
flüchtet in Beton, Häusergold,
hofft dann auf guten Mietersold.
Geld, das in Häuser angelegt
bei Inflation dann nicht vergeht.
Gehet da nicht in die Binsen,
bringt dazu noch die Mietzinsen.

22 Juli 2013

Nur eine Spinne

Hab einer Spinne zugeschaut,
als fleißig die ihr Netz gebaut.
Das schauen hat mich angeregt,
zum Nachdenken mich auch bewegt.
Wie hat's die Selektion geschafft,
dass Spinn' im Bauch Klebrigkeit macht
und damit einen Faden spinnt,
den sie zur Netzherstellung nimmt.
Wo hat die Spinne nachgeschaut,
wie wirkungsvoll ein Netz man baut.
Will's man mit Selektion erklären,
müsst man die unendlich mehren.

6. September 2014

Schneider Pfeffel

Wie zum Essen ja der Löffel,
gehörte zu Horchheim Schneider Pfeffel.
Er schaffte nicht mit klebrig Kleister,
nein, im nähen war er Meister.
Als ich auf 15 Jahre es brachte,
er mir den ersten Anzug machte.
Erinnre mich ans lang anproben,
muss ihn doch für die Arbeit loben.
Ja, neben andren Kleidersachen
tat er mir auch nen Mantel machen.
Der ließ bei Kälte mich nicht frieren
Und sonntags tat er mich noch zieren.
So dass ich heut noch sagen kann,
Schneider Pfeffel war ein guter Mann.

26. November 2014

Ukraine

In der Urkaine gibt's kein Frieden
zu sehr die Menschen dort verschieden.
Ein Teil auf Russland ist fixiert,
ein weitrer westlich orientiert.
Ein weitrer Teil will so gestalten,
Urkaine fest zusammenhalten.
Wie da soll Frieden kehren ein,
kann einem nur ein Rätsel sein.
Alles tut darauf hinwinken
in Streit und Hass das Land wird sinken.
Ja, so wird es wohl nun sein,
dazu fällt mir noch Schiller ein.
Wehe, die den ewig Blinden
der Freiheit lichte Fackel weihn,
sie strahlet nicht, sie tut nur zünden
und ächert Dorf und Städte ein.

22. Februar 2014

Veränderungen

Schon immer gab's Veränderungen
von vielen wird dies Lied gesungen.
Auch solche, die vom Mensch bewirkt
werden als normal getürkt.
Und wenn die anderen Beschwerden
saget man, so ist's auf Erden.
Doch wenn man selber schadbetroffen,
wird anders dann darüber gesprochen.
So ist jetzt Hochwasserflut,
die etränkt viel Hab und Gut.
Da wird s manchem doch wohl klar,
Schuld dran die Erdaufheizung war.
Bloß um noch mehr Wohlstand leben,
sorglos Energie verbrauchen eben.
Und dieser Energieverbrauch
heizet unsre Erde auf.
Dieses bringt oft keinen Segen,
bringt Turbulenzen, starken Regen,
der manchmal gar nicht gut,
weil er erzeugt Hochwasserflut.
Uns Menschen sollt aufgehn ein Licht,
bescheidner leben werde Pflicht.
Doch Wohlstandsmind'rung nicht gefällt

bescheidner leben drum entfällt.
Und das Lied wird weit g'sungen,
schon immer gab's Veränderungen.

12 Juni 2013

Ring im Salat

Ein gold'ner Ring, ja soche Dinger,
am besten trägt man an dem Finger.
Nein, die so schön sind, golden, zart,
nicht abgelegt im Feldsalat.
Als man sich putzend hat geschunden,
wurd im Salat so'n Ring gefunden.
Man wollte wohl mit Ringe finden
den Käufer an Verkäufer binden.
So blitzte es im Hirne,
gelagert in des Finders Birne.
Doch dann wurde es ihm klar,
dass dies wohl ein Versehen war.
Und bracht' das schöne, gold'ne Stück
dem Eigner dann zur Freud zurück.

6. Dezember 2014

Leben länger

In der Zeitung konnt man lesen,
Günther ist einmal gewesen.
Er nicht mehr auf Erden weilt,
weil ins Jenseits er enteilt.
Habe dem nicht ganz getraut,
in Unterlagen nachgeschaut.
Nach dem Alter dort von Günther,
ob's war'n die Zahl Sommer, Winter,
wie sie mir waren bekannt
und wie's auch in der Zeitung stand.
Die Zahlen stimmten überein,
es konnt nur Kollege Günther sein.
Ein Trauerkart nun schnell geschrieben,
an die Familie, sein Lieben.
Und versuchte Trost zu spenden
zu Günther, sein zu frühes enden.
Mir Tage später mitgeteilt,
Günther dem Leben nicht enteilt.
Es geht weiter frisch und munter
In Worms die Straßen rauf und runter.
Wie das gescheh'n, kann ich nicht sagen,
muss da wohl die Zeitung fragen.
Ihm gelte der Spruch für alte Männer,
totgesagte leben länger.

9. Dezember 2014

Nichts kann nicht sein

Ja, es muss halt wohl so sein,
Atome sind nicht gern allein,
unterliegen einem Bindungszwang
mit weiteren so dann und wann.
Vertreiben so das Einerlei,
zur Vervielfältigung sie tragen bei.
Schaffen Großmoleküle dann,
die grenzen an das Leben an.
Lebendig ist, was sich tut teilen
um weiter existent zu bleiben.
Ja, der Überlebenswille
schafft Leben so in Hüll- und Fülle.
Das Höchste was er dabei schafft
ist das Organ mit Denkeskraft.
Das menschlich Hirn dem tut es glücken,
in Existenz sich selbst und alles rücken.
Ja, dass dieses konnt geschehn,
wissen wir, weil wir es sehen.
Doch warum Energie und Kraft
zur Materie es geschafft,
die zum Bewusstsein es gebracht,
hat ein Verstehen stets erschlafft.
Vielleicht, das fällt mir hierzu ein,

kann Nichts, weil's nicht gibt, gar nicht sein.
Darum ist es halt soeben,
weil Nichts nicht sein kann, muss es was geben.

26. Dezember 2014

Alfons

Denk oft an jene Zeit zurück,
mein Wochengeld ein Zweimarkstück,
das von Eltern ich verbuchte,
als ich Staatsbauschule Mainz besuchte.
Das reichte für vier halbe Wein,
nein, für mehr konnt es nicht sein.
Wär Freund Alfons nicht gewesen,
hätt hungrig, durstig oft gesessen.
Er war oft weg als in der Welt,
verdiente als Monteur gut Geld.
Wenn wir im Wirtshaus taten sitzen,
tat er mich oftmals unterstützen.
Ja, ich muss heut noch dankbar sein,
für manchen guten halben Wein.

11. Januar 2015

Das Bewusstsein

Ja, hinter der Stirn
befindet sich das Wunder Hirn,
das mit Bewusstseinskraft,
was ist, erst existent gemacht.
Ja, das Denken hinter der Stirn,
ist wohl eine Funktion der Funktionen des Gehirn.

11. Januar 2015

Das Stammbaumbuch

Wer bin ich, wo komme ich her,
diese Frage beschäftigte mich mehr und mehr.
Wieviel meines Namens gibt's auf der Welt,
wie vielen geht es gut, wie viele brauchen mehr Geld.
Ein Denschlag, der's weit bis zum Chefarzt gebracht,
hat vor einiger Zeit Ahnenforschung gemacht.
Nachkommen dieses weiter betrieben,
im Internet die Ahnenfolge Denschlag beschrieben.
Anfang 1700 taucht erstmals ein Denschlag da auf,
das Schicksal der Nachkommen
nahm von da seinen Lauf.
Das alles hab ich dem Stammbuch entnommen,
das von Sohn Robert geschenkt ich bekommen.
Ja, die meisten ihr Dasein bescheiden verbracht,
nur einige beruflich zum Anseh'n es weiter gebracht.

11. Januar 2015

Dr. Johannes Denschlag

In meinem Stammbaumbuch konnt ich nachlesen,
meine Vorfahren meist Handwerker, Arbeiter gewesen.
Nur ein Vorfahr ragte heraus,
er kam aus der Mühlgässer Tante ihr'm Haus.
Weil er beim lernen sich wenig musst quälen,
tat man den priesterlich Beruf für ihn wählen.
Doch während des Studiums sich anders besonnen,
der Arztberuf hat ihn für sich gewonnen.
Als das Studium er gut abschloss wollte fürwahr,
er damals auswandern nach USA.
Ein Fall Hau macht diesem Ansinnen ein Ende
und brachte seinem Leben die Wende.
Einem Dr. Götches Frau
war damals eingebunden in den Fall Hau,
hat durch Aussag, die sie gemacht,
Hau wegen Mordes hinter Gitter gebracht.
Dr. Götches fürchtete nun für seine Frau
einen Racheakt des begnadigt, entlassenen Hau.
Und war drum für einige Zeit
zum Untertauchen mit seiner Frau bereit.
Er hat den Dr. Johann Denschlag gebeten,
ihn im Martinsstift zeitweise zu vertreten.
Der ist dort als tüchtig so eingeschlagen,

dass man ihm die Chefarztstelle hat angetragen.
Und hat dort von vielen Patienten verbürgt,
heilend bis zum Lebensende gewirkt.

25. Januar 2015

Die Frauenquote

Die Frauenquote strebt man an,
weil Frauen gut sind wie ein Mann.
In einem Männer gar besiegen,
Frauen tun die Kinder kriegen.
Tun noch weiter sich bewähren,
Babys mit Muttermilch ernähren.
Es würd der Fährnis gar enteilen,
wird man dafür kein Lob erteilen.
Darum zudem man sagen kann,
Frauen stehn auch ihren Mann.
Für Frau'n nicht leicht da zu verstehn,
im Beruf meist Männer vorne stehn.
Chefstellen meist für Männer frei,
Frauen steh'n in zweiter Reih.
Doch will eine Gesellschaft weiter bestehn.
Drei Kinder pro Frau im Schnitt muss man sehn.
Dass sie ziehet drei Kinder nun auf,
verhindert der Frauen den Führungslauf.
Und viele Frauen müssen sich trollen
von den begehrten Führungsrollen.
Ja, so ist es halt nun mal eben,
die Frauen, die müssen damit wohl leben.
Dass Quoten da Verbesserung bringen,
darauf würde ich kein Liedchen singen.

31. März 2015

Ruinierter Ruf

Früher in meiner Jugendzeit,
wegen Völkerstreit-Nahrungsknappheit weit und breit,
habe mit Fleischbeschaffung mich damals verwoben,
Stallhasen damals drum groß gezogen.
Um diese ganz schön auch zu runden,
Futter gesucht und auch gefunden.
Das durfte jedoch nur Unkraut sein,
Nutzpflanzen aufnehmen war geklaut und gemein.
Ich erinnere mich noch verschwommen,
nie hab ich geklaut, Unrechtes genommen.
Doch einmal, da war ich gar schwach,
war wohl damals noch nicht ganz wach.
Tat, was zu mir tat gar nicht passen,
einen Maiskolben im Sack total verschwinden lassen.
Der Feldschütz Schniezer hinterm Baum versteckt,
hat diese Untat damals entdeckt.
Lies mich leeren den gefüllten Sack aus,
der Maiskolben kullerte munter heraus.
Mein Ruf war damals gar ruiniert,
weil Schütz Schniezer verkündigte ungeniert:
ein groß Spitzbub im jugendlich Alter,
das ist der Hasenfutter suchende Walter.

Freund Alois, der mich animiert weiter für
ehrlich tat galten,
weil der den Kolben am Sackzipfel fest hat
gehalten.

17. Juni 2015

Horchheim

Ja Horchheim, Tor zum Eisbachtal,
bist und bleibest erste Wahl.
Man hier gar schön und freudig singt,
wenn durch das Tor weht Frühlingswind.
Viel die nicht grundlos neidig sind,
abfällig sprechen Horchheimer Wind.
Doch ihr in Dörfern rings herum,
seht auf Horchheim das nicht stumm.
Ja Horchheim Tor zum Eisbachtal,
bist und bleibst halt erste Wahl.

17. September 2016

Die Selektion

Sicherheit, Frieden sind zwei Begriffe,
die sich verhalten wie gefährliche Riffe.
Ja weiß ich ob der and're gut oder gemein,
sicher für mich wenn ich stärker kann sein.
Dies zur gefährlicher Aufrüstung lenkt,
weil der andere oft genau so halt denkt.
Das Verhalten kost Geld, bringt Völker in Not,
denken nicht friedlich wie Gottes Gebot.
Um vorteilhaft nutzen die Aufrüstungsplagen,
will man den Gegner bekämpfen und schlagen.
Ja dieses Gemetzel nennt man Krieg,
in dem alle verlieren – auch der, der dann siegt.
Dies alles bewirkt die Selektion,
in der der Sieger glaubt Überlebenslohn.
Um so halt mal eben,
weiter zu kämpfen ums überleben.

21.September 2016

Schlussbetrachtungen

Wie werden wir das Jenseits schaun?
Vielleicht als allerletzten Traum?

…

Das All durch Urknall exsistend,
wird verstrahlt wohl sein am End.
In unendlich Energie vergehn,
durch Urknall wieder neu entstehn.

…

Es stellet eine Zeit sich ein,
für die wird alles nie gewesen sein.

25. Dezember 2013

Danksagung:

Ich bedanke mich bei meinem Sohn Robert, der mich zur Veröffentlichung meiner Gedichte angeregt und sich für die Veröffentlichung selbst stark eingesetzt hat.

Weiter danke ich meiner Tochter Petra, welche meine von Hand geschriebenen Gedichte elektronisch weiterverarbeitet hat. Meiner Schwester Marga Horn und meinem Sohn danke ich für die nützlichen Hinweise zu Komma- und Schreibfehlern.

Ein abschließendes Dankeschön auch an meine Frau Martha, die meine Gedichte als erste Leserin überprüft und beurteilt hat.